PRÉSENTATION

DE

L'ÉVANGÉLIAIRE SLAVE

DE LA BIBLIOTHÈQUE DE REIMS

A

LL. MM. l'Empereur & l'Impératrice de Russie

LE 19 SEPTEMBRE 1901

Relation publiée par **Henri JADART**

BIBLIOTHÉCAIRE DE LA VILLE

REIMS

MATOT-BRAINE, IMPRIMEUR-LIBRAIRE-ÉDITEUR

Henri MATOT (A. D), Fils et Successeur

6, Rue du Cadran-Saint-Pierre, 6

1902

PRÉSENTATION

DE

L'ÉVANGÉLIAIRE SLAVE

DE LA BIBLIOTHÈQUE DE REIMS

A

LL. MM. l'Empereur & l'Impératrice de Russie

LE 19 SEPTEMBRE 1901

Relation publiée par **Henri JADART**

BIBLIOTHÉCAIRE DE LA VILLE

REIMS

MATOT-BRAINE, IMPRIMEUR-LIBRAIRE-ÉDITEUR

Henri MATOT (A. O.) Fils et Successeur

6, Rue du Cadran-Saint-Pierre, 6

1902

PRÉSENTATION

DE

L'ÉVANGÉLIAIRE SLAVE

de la Bibliothèque de Reims

à LL. MM. l'Empereur & l'Impératrice de Russie

LE 19 SEPTEMBRE 1901

Nous avons rappelé naguère les souvenirs du passage de Pierre-le-Grand à Reims, le 22 juin 1717 (1). La ville de Reims reçut encore, cent quatre-vingt-quatre ans après le passage de Pierre-le-Grand, la visite d'un Tsar dans les conditions les plus honorables pour la France et les plus mémorables pour la cité. Une relation complète de la fête provoquée par cette visite de Nicolas II en 1901, devrait être faite dans son ampleur. Nous nous bornons ici à la rapprocher dans ses grandes lignes de celle de 1717, en insistant sur un point de la réception municipale, celui de la présentation de l'*Évangéliaire Slave* dont nous avons été chargé et qui a eu son caractère et son importance malgré sa brièveté.

L'Empereur et l'Impératrice de Russie, reçus à Dunkerque le 18 septembre par le Président de la République et amenés au château de Compiègne le soir du même jour, en partaient le lendemain matin pour assister aux dernières opérations des grandes manœuvres de l'armée (2).

Toujours conduits par M. Loubet, les hôtes illustres de la France

(1) Notice avec documents, publiés dans l'*Almanach-Annuaire de la Marne, de l'Aisne, et des Ardennes*, 1891, p. 155 à 162. Tirage à part à 25 exempl. épuisé.

(2) Henri Dabucon. — *L'Empereur Nicolas II aux Manœuvres françaises de 1901.* — Dunkerque, Compiègne, Reims. — Ouvrage illustré. Paris, 1901. Sur les détails de la réception à Reims, voir les pages 31 à 37.

suivirent les opérations militaires autour des forts de Fresnes, de
Berru et de Witry-les-Reims, aux portes mêmes de Reims (1).

Leur visite était le couronnement du programme de la journée.
Ils étaient attendus en ville pour trois heures de l'après-midi,
mais leur entrée n'eut lieu que vers quatre heures et demie par le
faubourg et la rue Cérès. De la place Royale, le cortège se rendit
de suite à l'Hôtel de Ville par la rue Colbert, et fit son entrée dans
l'édifice municipal à quatre heures trois quarts pour en sortir
exactement à cinq heures sonnant.

La place entière de l'Hôtel-de-Ville, comme la façade du monument, avait naturellement revêtu une parure de drapeaux français
et russes, d'écussons et d'emblèmes de circonstance. Sur les côtés
de la place, la *Laine de Champagne* et le *Vin de Champagne* avaient
dressé chacun leur portique. A l'intérieur de l'édifice, la plus jolie
garniture était celle des feuillages et des fleurs, en corbeilles et en
cordons, qui ornaient avec grâce le pourtour du grand vestibule,
l'escalier d'honneur et la galerie établie dans la cour pour aboutir
à couvert jusqu'à la Salle des Mariages. Cette vaste et longue salle
n'avait reçu, à dessein, qu'une décoration très sobre : au fond, la
grande mosaïque romaine des *Lutteurs* rappelait l'antique origine
de la ville ; en face de l'entrée, au-dessus d'un buste élégant
personnifiant la République et entouré de verdure, on avait drapé
les étendards aux armes impériales de Russie, provenant des fêtes
du couronnement de Nicolas II à Moscou et offerts à la ville de
Reims par le baron de Baye (2). Enfin, sur l'estrade d'honneur, à
la place habituelle, en avant de la scène grandiose du *Mariage
chez les Romains*, on avait disposé trois fauteuils rouges, quelques
sièges en arrière, et sur le côté droit une petite table Louis XV,
sur laquelle étaient préparés les deux manuscrits et les éditions
destinés à être montrés au Tsar et à la Tsarine.

Comme les manuscrits de la Bibliothèque municipale tinrent une
place assez large dans la réception, il est indispensable de
préciser leur valeur dans leurs rapports avec l'histoire et la
littérature russes. Il avait fallu, on le devine, un motif excep-
tionnel pour donner ainsi un caractère d'érudition à une cérémonie
de haute courtoisie internationale. Le Ministre des Affaires

(1) *Les Grandes Manœuvres de l'Est*, par Louis Cauvet, publiciste. La
Revue de l'Est. M. Loubet, président de la République, S. M. l'Empereur de
Russie Nicolas II à Reims. — *Reims, Bron-Bourquin, s. d.*, in-12 illustré de
92 pages.

(2) Deux autres étendards de même provenance, verts et or, étaient tendus des
deux côtés de la porte, à l'intérieur du grand vestibule.

étrangères avait lui-même recommandé cette présentation au Maire de Reims comme étant de nature à intéresser vivement les augustes visiteurs, surtout en ce qui concerne l'Évangéliaire slave. Les chrétiens d'Orient ont toujours attaché la plus haute importance aux premières traductions des textes sacrés en leur langue.

C'est ce qui explique qu'il y eut en Russie, de longue date, un véritable courant d'attraction vers un simple recueil de leçons d'évangiles, composé de deux portions distinctes, l'une du xie siècle en caractères cyrilliens et en langue russe, l'autre de la fin du xive siècle, en caractères glagolitiques et en langue tchèque ou bohémienne vulgaire (1). Des légendes bizarres et inadmissibles ont longtemps couru sur notre *Évangéliaire*, sur son origine et sa provenance; nous ne les rappellerons pas, nous bornant à renvoyer pour l'étude et la connaissance complète du manuscrit à l'introduction que M. Louis Leger, membre de l'Institut, a mise en tête de la reproduction en héliogravure publiée sur son initiative et à ses frais en 1899. Les travaux précédents de MM. Kopitar, Silvestre, Jules Lundy, Louis Paris (2), Corvinus Jastrzebski, etc., ont été résumés et rectifiés par le nouvel éditeur et tous les points du problème se trouvent, grâce à lui, élucidés autant qu'ils peuvent l'être (3).

Quant à l'histoire de l'*Évangéliaire*, à Reims, la voici : nous savons qu'il y a été apporté, vers 1565, par le cardinal Charles de Lorraine, qui l'avait acquis sans doute de marchands ou de copistes grecs, après son enlèvement d'un monastère bénédictin, voisin de Prague. Donné par l'illustre prélat à son église de Reims dans une riche parure de joyaux et de reliques, il fut

(1) Voici les titres et mentions du *Catalogue des Manuscrits de la Bibliothèque de Reims*, rédigé par M. Loriquet : « *Liber Evangeliorum et Epistolarum ad usum ecclesiae SS. Hieronymi et Procopii Pragensis*, vulgo « Texte du Sacre » dictus. Ce volume est formé de deux ouvrages distincts, le plus ancien est un Recueil d'évangiles du Temps et des Saints, suivant le rit russe, écrit en caractères cyrilliens, l'un des premiers, sinon le premier monument de la langue russe. » (16 feuillets, du xie siècle). La Russie possède, en effet, d'autres monuments plus anciens de sa langue, comme l'a établi M. Leger, tels que l'*Évangéliaire d'Ostromir*, dont une reproduction a été offerte par la Bibliothèque nationale de Saint-Pétersbourg à M. Victor Charlier, employé à la Bibliothèque de Reims, en retour de l'envoi d'une reproduction photographique de notre *Évangéliaire slave*.

(2) *Evangelia slavice*, édition Silvestre et Kopitar, 1843, in-4°. — *Les mêmes*, avec nouveau titre, édition Louis Paris, 1852.

(3) *L'Évangéliaire slavon de Reims*. Édition fac-similé en héliogravure, par Louis Leger. Reims, Michaud, 1899, in-4°. Avant l'exécution de ces belles planches par P. Dujardin, il en avait été fait une reproduction aussi complète en photographie par les soins de V. Charlier, employé à la Bibliothèque de Reims, avec le concours de M. Limichin.

conservé jusqu'à la Révolution comme un livre sacré, d'un caractère presque mystérieux, et il passe pour avoir servi au serment des derniers rois dans la cérémonie de leur sacre. Dépouillé en 1792 de toute sa splendeur extérieure, il est resté depuis au nombre des manuscrits de la Bibliothèque municipale, bien que propriété nationale, et il y est devenu un texte du plus haut intérêt pour l'étude des langues slaves et de la liturgie orientale. L'Empereur Nicolas Ier accepta, en 1843, la dédicace de la première édition savante que nous rappelions plus haut, et l'original fut présenté, en 1896, à l'Empereur Nicolas II, à Paris, au cours de sa visite à la Sainte-Chapelle. Il convenait de réitérer cette présentation à Reims, au lieu même où le manuscrit est conservé à la disposition de tous et visité par les érudits de l'Europe entière ; c'était justice d'y joindre comme annexés les trois belles reproductions que notre ville en a vu éditer : la première en lithographie (1843), la seconde en photographie (1897), et la troisième en héliogravure (1899). Cette dernière est l'œuvre elle-même dans sa perfection (1).

Après l'*Évangéliaire slave*, un autre manuscrit du dépôt rémois se trouvait de nature à fixer l'attention et l'intérêt des souverains russes, nous voulons désigner le *Psautier d'Odalric*, superbe recueil également du XIe siècle, auquel un copiste de la fin du même siècle, ou un chroniqueur, plus vraisemblablement, ajouta une note sur la mission de Roger, évêque de Châlons, qui alla demander en 1048 la main d'Anne de Russie, fille de Jaroslaw, pour le roi Henri Ier (2). Les témoignages authentiques de cette alliance sont assez rares, et celui de l'annaliste rémois a d'autant plus de valeur que la cérémonie du mariage fut célébrée à Reims, dans l'ancienne cathédrale d'Hincmar (3). Une copie de ce passage fut préparée, afin de l'offrir comme un souvenir aux successeurs de Jaroslaw.

---

(1) De nouveaux aperçus sont venus l'éclairer, savoir :

Notes complémentaires sur le texte du Sacre, publiées par M. Louis Leger dans les *Travaux de l'Académie de Reims*, 1899-1900, t. CVII, p. 167 à 181, et du même auteur *Nouveaux documents concernant l'Évangéliaire slavon de Reims*, dans les *Comptes rendus des séances de l'Académie des Inscriptions et Belles-Lettres*, 1901, p. 172.

(2) Voici la partie de cette note relative au mariage d'Anne de Russie : « Anno incarnati Verbi millesimo XLVIII, quando Henricus, rex Francorum, misit in Rabastiam Catalaunensem episcopum R., pro filia Regis illius terre, Anna nomine, quam detulit dictæ uxorem, deportatus est Odalricus præpositus eundem episcopum... » (*Bibliothèque de Reims, Cabinet des manuscrits*, volume in-folio, reliure moderne, n° 15, f 211 v°).

(3) Sur les circonstances du mariage et de la vie d'Anne de Russie, consulter encore l'article déjà cité de M. Henry Bidou, *Reims et la Russie*, dans le *Journal des Débats*, du 19 septembre 1901.

Le programme fut suivi de point en point pour mettre sous les yeux du Tsar et de la Tsarine les deux textes l'un après l'autre, et pour leur en présenter un bref commentaire, quelque fut la rapidité de cette visite. A peine assis sur les sièges qui leur étaient destinés en avant de l'estrade, après avoir écouté le discours de bienvenue que leur adressa M. Charles Arnould, Maire de Reims, ainsi qu'au Président de la République, l'Empereur Nicolas II et l'Impératrice Alexandra accueillirent la proposition qui leur fut faite d'examiner les manuscrits. Ces derniers, apportés successivement par le bibliothécaire de la ville, furent tenus et feuilletés avec plaisir par les hôtes de la France.

En ce qui touche l'Evangéliaire, l'Empereur en lut plusieurs passages au courant des pages, et, arrivé à la seconde partie, déclara ne plus pouvoir lire (1). Il ajouta comme conclusion de son examen : « Cela est très intéressant. »

L'Impératrice tint ensuite le volume et s'arrêta sur quelques miniatures, puis sur la note initiale qui relate le voyage de Pierre-le-Grand à Reims et la lecture du manuscrit par son chancelier (2). Il lui fut expliqué combien on tenait en France à commenter et à bien reproduire ce texte précieux; mais le temps ne permit pas de faire passer sous les yeux de Leurs Majestés les trois éditions préparées sur la petite table. Ce furent les personnes placées de ce côté de l'estrade qui s'en distribuèrent les planches et qui admirèrent, d'un coup d'œil rapide, l'œuvre de Jules Lundy, de V. Charlier et de P. Dujardin (3). Une dame d'honneur de l'Impératrice, Mme Narishkine, se plut à lire le texte original dont le caractère antique la frappait beaucoup, et le moment du départ la surprit dans cet examen qui la captivait (4).

Le manuscrit contenant la mention du mariage d'Anne de Russie avait pu être présenté à temps, et les souverains écoutèrent la lecture et l'explication sommaire du passage dont ils saisirent la

(1) Cette seconde partie, comme nous l'avons dit, n'est plus en caractères russes, mais bohémiens anciens.

(2) A cette occasion, la Tsarine voulut bien accepter l'exemplaire de la notice sur cet événement, le seul qui restait à l'auteur.

(3) Le dernier exemplaire aquarellé à la main de l'Evangéliaire slavon, d'une si belle exécution et désormais introuvable, fut acquis chez l'éditeur par M. G. Leygues, ministre de l'Instruction publique, et offert par lui à la Tsarine, au nom de la France, dans sa visite à la Cathédrale.

(4) Cette dame d'honneur s'intéressa à toutes les manifestations littéraires du voyage. Le Gaulois dit « que le prince Ouroussoff a fait parvenir à Mme Narischkine une copie autographe du poème de M. Edmond Rostand à la Tsarine, que la première dame d'honneur avait demandée pour l'Impératrice à l'auteur, à Compiègne, à l'issue de la représentation de gala. »

date (1048) : « C'est une alliance du XI° siècle », remarqua l'Empereur. L'Impératrice emporta la feuille sur laquelle ce document d'histoire nationale russe avait été transcrit (1).

Notre mission était terminée, et nous n'avions plus qu'à réintégrer nos deux manuscrits à la bibliothèque au moment où le Tsar buvait à la prospérité de la Ville, en vidant la coupe de Champagne qui lui avait été remise avec le biscuit traditionnel. Ce n'était pas le présent du pain et du sel usité en Russie, mais c'était celui de produits délicieux qui font la fortune de la Cham-

HOTEL DE VILLE DE REIMS

pagne et sont goûtés du monde entier. L'assistance entière s'associa aux vœux de l'Empereur. Beaucoup de citoyens auraient été heureux de pouvoir l'acclamer à ce moment (2). Ainsi se termina la trop courte séance dont nous avons décrit l'emploi en ce qui nous concerne. Elle eut quand même ses résultats et le Chef

(1) Lettre de la municipalité de Kiew à celle de Reims à propos de la visite de Nicolas II, reproduite avec un fragment de la réponse du Maire de Reims relative à l'Évangéliaire slave et à la mention du mariage d'Anne de Russie avec Henri I°, roi de France, dans le *Bulletin du Diocèse de Reims*, n° du 5 octobre 1901, p. 474.

(2) Par suite d'une mesure du Protocole, on n'avait laissé entrer dans l'Hôtel de Ville, avant la réception, que la municipalité et le conseil, les sénateurs, députés, conseillers généraux, journalistes. La compagnie des pompiers formait la haie sur le parcours intérieur, et la musique municipale exécuta plusieurs morceaux et les airs nationaux russe et français.

de l'État honora pour la première fois de sa présence la grande salle de notre Hôtel de Ville, comme il allait le lendemain honorer de sa visite l'Hôtel de Ville de Compiègne. Les Souverains russes qu'il guidait, prirent congé des magistrats municipaux, des administrateurs, des sénateurs et députés, conseillers généraux, avec autant de bonne grâce que de simplicité. Ils avaient hâte, on le comprend, car le jour baissait déjà, de se rendre à la Cathédrale, où tant de merveilles les attendaient. Le cortège disparut rapidement, sans qu'il ait été possible de noter la présence des personnages de la suite impériale, si ce n'est celle de M. et Mme Narishkine et de l'ambassadeur de France, le marquis de Montebello, en grand costume (1).

La galerie si élégante, qui traversait la cour et reliait en ligne droite la salle des Mariages au vestibule, excita l'admiration du cortège officiel. Puis ce fut le tour du public rémois et des étrangers dont l'affluence ininterrompue s'y porta ensuite pendant trois jours. Il était impossible de donner à une création éphémère un caractère plus conforme à la beauté du monument, et de mieux l'unir à la grande perspective qui se prolonge à travers la place et la rue Colbert jusqu'aux édifices de la place Royale (2).

La décoration des principales rues n'était pas moins bien comprise et revêtait, comme à l'Hôtel de Ville, un caractère de circonstance : sur l'esplanade Cérès un haut portique de style russe abritait une statue de la Paix, allégorie dictée par la dédicace du sommet : *Au Tsar, apôtre de la Paix, la Chambre de Commerce*. A l'opposé, on apercevait au loin la porte gigantesque du Kremlin élevée sur la Couture, en avant de la rue Buirette, flanquée de tourelles et de clochetons dont les timbres répétaient l'hymne russe (3). Les Gymnastes rémois, massés au fronton d'un arc de triomphe traversant la rue de Talleyrand, personnifiaient les longs espoirs d'une vaillante et fière jeunesse.

Sur le parvis de la Cathédrale, où aboutit le cortège officiel par les rues Carnot et Chanzy (4), le coup d'œil était ménagé dans un

(1) Nous ne donnons ici, ni le discours de bienvenue, ni les noms des personnages présents au nom de la Ville et du département. Tous ces renseignements se trouvent dans les journaux de Reims, rendant compte de la fête, nos des 19, 20 et 21 septembre 1901.

(2) M. Brunette, architecte de la Ville, MM. Genel et Bouchette, décorateurs.

(3) Notons, comme signe du temps, que le carillon de Notre-Dame, qui ne joue d'habitude que des airs liturgiques, joua toute cette semaine l'hymne national russe.

(4) Deux arcs à cet endroit portaient en lettres russes les inscriptions suivantes : *Pierre le Grand, 1717, Nicolas II, 1901*.

cadre disposé à merveille pour rehausser la majesté incomparable du grand portail. Des mats de verdure y alternaient avec des piques massives et des cartouches dorés portant les noms des principaux monarques français couronnés et sacrés à Reims. Plus bas, les marches du piédestal de la statue de Jeanne d'Arc formaient un parterre fleuri, et, en arrière, le monument s'élevait dans sa décoration de pierre qui en défiait toute autre. Ajoutez à ce tableau, si imposant par lui-même, la masse des spectateurs groupés aux fenêtres, l'éclat des costumes militaires, l'harmonie des fanfares, puis la sonnerie des bourdons qui domine la cité, et vous aurez l'idée du spectacle de l'entrée du Tsar et de la Tsarine dans une basilique comme celle de Reims. Leurs Majestés Impériales, marchant de pair avec le Président de la République, furent reçus sur le seuil par le cardinal Langénieux et le clergé de la métropole. L'intérieur était déjà éclairé à l'électricité ; l'heure était passée du soleil illuminant les vitraux des rosaces, mais l'aspect des voûtes et des colonnes, la perspective des nefs et des chapelles, n'en eurent pas moins leur aspect impressionnant, devenu trop familier pour nous. Nos hôtes ont ressenti toute la beauté de l'architecture française du moyen-âge, de même qu'ils ont admiré quelques pièces du trésor, le calice de Saint Remi, le reliquaire moderne de la Sainte-Ampoule rehaussés de tant de souvenirs de notre passé glorieux (1). Les phases diverses de cette visite ont fait l'objet d'une relation écrite par un témoin, et nous renvoyons l'historien à ce récit pris sur le vif (2), et à divers récits accessoires (3).

De la sortie de la Cathédrale et du trajet jusqu'à la gare, par les

(1) *S. M. le Tsar à la Cathédrale de Reims*, septembre 1901. Revue : *L'Art et l'Autel*, par Jean de Bonnefon. In-folio illustré de 12 pages.

(2) *Bulletin du Diocèse de Reims*, 21 septembre 1901, p. 448 à 454, récit circonstancié de la visite de la cathédrale par l'Empereur et l'Impératrice de Russie, le Président de la République et leur suite, le 19 septembre 1901, détails sur l'entrée du cortège, la décoration du monument, les objets du trésor, les dons faits aux visiteurs, les paroles prononcées par le cardinal Langénieux, archevêque de Reims, et les adieux du Tsar. — Une relation non moins exacte, due à la plume de M. Alfred Lefort, notaire honoraire, membre du Conseil de fabrique de Notre-Dame, a paru dans l'*Almanach-Annuaire Matot-Braine* pour 1902.

(3) *La visite du Czar à la Cathédrale et le manuscrit de Malesherbes*, article non signé dans le *Courrier de la Champagne* du 5 octobre 1901. Ce manuscrit, appartenant à M. Alvin-Beaumont, contient un *éloge de Pierre-le-Grand* et des appréciations morales. Il est intitulé : *L'Art de connaître les hommes* Cfr. le journal *l'Éclaireur de l'Est*, article de M. Alvin-Beaumont, du 16 septembre 1901.

rues Chanzy, Talleyrand, de l'Étape et la place Drouet-d'Erlon, nous ne dirions rien non plus qui ne soit mieux exprimé par ceux qui ont vu le défilé, entendu les acclamations et les vivats de la foule. Il était six heures lorsque les augustes, visiteurs de Reims repartaient pour Compiègne. Ils emportaient un bon et reconnaissant souvenir de leur visite, car l'Empereur chargea le Maire de Reims de témoigner aux habitants sa gratitude pour l'accueil qu'ils lui avaient fait « dans leur gracieuse cité ». Le surlendemain, 21 septembre, ils revenaient encore, par la même route et en brillant appareil pour assister à la revue de Bétheny, mais la ville n'eut qu'un écho lointain de cette grande fête militaire où battit le cœur de la France à la vue de ses enfants si courageux et si bien armés (1). À leur départ, l'Empereur et l'Impératrice de Russie contournèrent le faubourg Cérès encore enguirlandé en leur honneur ; il purent revoir le profil des monuments de la cité et les tours de Notre-Dame, ces vieux témoins de la grandeur de notre patrie devenus hier les témoins de l'alliance des deux peuples.

Rappellerons-nous maintenant, en terminant, le contraste et la ressemblance du passage du tsar Pierre-le-Grand avec la visite de l'Empereur Nicolas II ? Tous deux, puissants monarques, sont venus spontanément s'instruire à notre école, s'asseoir en amis à notre table, projeter de grandes choses en commun vers l'union et la paix, dans la justice et l'équité (2). Mais, combien cette dernière note est plus vibrante aujourd'hui dans les discours et dans les toasts qu'elle ne l'était sous Louis XV, et combien l'impression s'en généralise et s'en répercute mieux à travers les peuples, comme un gage d'espoir prochain ! À Reims, Pierre-le-Grand n'a vu qu'à la hâte les édifices et les objets qui le captivaient : le pilier branlant et la Sainte-Ampoule (3) ; son successeur a vu plus

(1) Citons cette poésie d'un jeune rémois, qui essaya de s'en rendre l'interprète. Jacques Lhéant (Julien Lhoire). *Salut au Tsar. A Sa Majesté Nicolas II, empereur de Russie*. Reims, septembre 1901. Gr. in-8 de 8 pages. — *Salut au Tsar, sonnet*. — *France et Russie, poème* par Edgard Demancy. Arize, 1901. in-12 de 16 pages.

(2) *Les Français en Russie et les Russes en France*, par L. Pingaud, Paris, Didier. 1886, p. 11 à 17, sur Pierre-le-Grand et la France, rien sur Reims. Détails nombreux sur les relations russes et françaises en général.

(3) Pluche, *Le Spectacle de la Nature*, t. VII, 1768, p. 33. — *Le Journal du Voyage de Pierre-le-Grand* (édition russe, II. 113) dit seulement que le Czar «quitta Soissons le 11 juin (vieux style), à sept heures du matin, dîna en route, arriva à Reims, en repartit et coucha à Bethel.» (*Journal des Débats*, 19 septembre 1901).

avant dans la vie nationale présente et dans la vie du passé, en écoutant ceux qui le recevaient et en regardant les monuments et les œuvres d'art sous leur véritable jour. Pierre-le-Grand a passé quatre heures, dit-on, dans nos murs et n'est pas revenu. Nicolas II y a passé une heure seulement, mais il a parlé aux rémois et promis de revenir en France. Qu'il nous retrouve alors tous confiants et unis !

Reims. — Imprimerie Matot-Braine, rue du Cadran-Saint-Pierre, 6.